SMART
TRAVELLING

EIN PERFEKTES WOCHENENDE ...
ROM

www.smart-travelling.net

LIEBLINGSADRESSEN IN ROM

Hotel: Hotel Locarno
Via della Penna, 22
Tel: 0039 06 3610841

Seite 9

Hotel: Nerva Boutique Hotel
Via Tor de'Conti, 3
Tel: 0039 06781835

Seite 17

Restaurant: Pierluigi
Piazza de'Ricci, 144
Tel: 0039 06 686 8717

Seite 23

Restaurant: Fiaschetteria Beltramme
Via della Croce, 39
Tel: 0039 06 69797200

Seite 29

Restaurant: Gusto
Piazza Augusto Imperatore, 9
Tel: 0039 06 322 6273

Seite 37

Restaurant: Trattoria da Augusto
Piazza de'Renzi, 15
Tel: 0039 06 5803798

Seite 43

Weitere Adressen finden Sie unter www.smart-travelling.net

Restaurant: Trattoria da Alfredo e Ada
Via dei Banchi Nuovi, 14
Tel: 0039 06 687 8842

Seite 59

Restaurant: Dar Filettaro a Santa Barbara
Via dei Giubbonari, 88
Tel: 0039 06 6864018

Seite 65

Café: Ciampini
Piazza San Lorenzo in Lucina, 29
Tel: 0039 06 6876606

Seite 71

Bar: Enoteca Cul de Sac
Piazza di Pasquino, 73
Tel: 0039 06 68801094

Pranzo

Seite 77

Shop: Sant'Eustachio
Piazza di Sant'Eustachio, 82
Tel: 0039 06 68802048

Seite 83

Gut zu wissen
Tipps, Ausflüge, Spaziergänge

Seite 89

ROM IN BEWEGUNG

Es führen nicht nur viele Wege nach Rom, sondern es finden sich immer unzählige Gründe auf einem dieser Wege wieder nach Rom zurückzukehren.
Rom ist einfach umwerfend schön. Und es war schon immer eine Stadt, in der alle die schönen Aspekte des Lebens besser genießen konnten, Dinge, die in den hektischen Metropolen wie Paris, Mailand und London zu kurz kamen. Die Stadt wirkte entschleunigt.
Heute ist Rom aus dem Koma erwacht und entwickelt sich mehr und mehr zu einer beweglichen kosmopolitischen Stadt, die sich nicht nur aus der Historie heraus definiert. Mittlerweile hat sich eine moderne Kunstszene entwickelt, innovative Köche wetteifern in den großen Hotels und mutige Museumsbauten schießen wie Pilze aus dem Boden. Einst verschlafene Viertel wie San Lorenzo und Ostiense entwickeln sich ähnlich schnell wie der Prenzlauer Berg in Berlin. Zum Glück bleiben die Römer chaotisch und eigen wie eh und je. Am Anfang geben sie sich desinteressiert, fast bis zur Schmerzgrenze unhöflich und Minuten später sind sie dein bester Freund und Ratgeber. Wer sich ohne zu viel Programm durch den Tag treiben lässt, wird den Rhythmus der Stadt am besten genießen können. Also – viva Roma! Warum nicht stundenlang Mittagessen gehen – ohne einen Anflug von schlechtem Gewissen.
Eine Vespatour auf den Gianicolo zum Sonnenuntergang, eine Radtour durch den Park der Villa Doria Pamphili oder eine Zeitreise durch die archäologischen Schichten unterhalb der Basilica San Clemente hinterlassen oft tiefere Spuren als ein ambitionierter Kulturmarathon.

HÔTEL LOCARNO
ROMA

HOTEL LOCARNO

Lust auf Patina? Im Hotel Locarno gibt es genug davon. Jedem ursprünglichen Detail wurde liebevoll Respekt gezollt, Stoffen jahrelang nachgespürt, bis man den originalen Stoff in Wien zufällig entdeckte. Die Textilien der Zimmer, im Stil der römischen Palazzi ausgewählt, geben mit der jeweiligen textilen Tapete überall ein perfekt harmonisches Bild ab. Alle Zimmer sind mit Antiquitäten ausgeschmückt und auch die Bäder sind dem alten Stil nachempfunden.

Wer ein Hotel mit Kundenfreundlichkeit und perfektem Service sucht, dem sei das Radisson empfohlen. Im Hotel Locarno delegieren Mutter und Tochter Celli ihre Arbeit im Service und an der Rezeption mit der notwendigen Sorgfalt, doch das Team lässt ein wenig an Herzlichkeit missen.

Auch das Frühstück schießt über ein italienisches Mittelmaß leider nicht hinaus. Wir empfehlen daher, nur einen Kaffee an der Hotelbar oder im Hof zu trinken und ein zweites Frühstück bei Ciampini (Seite 70) zu genießen.

Willkommene Extras wie die hauseigenen Fahrräder, eine Dachterrasse mit herrlichem Ausblick und die zentrale Lage unweit der Piazza del Popolo mildern diese kleinen Unstimmigkeiten. Und auch wenn das Preis-Leistungs-Verhältnis nicht ganz ideal ist, das Ambiente und die Zimmer sind ein Teil des alten Rom und einfach wunderschön.

Hotel Locarno Adresse: Via della Penna, 22
Tel: 0039 06 3610841 Internet: www.hotellocarno.com
Email: info@hotellocarno.com Preise: DZ ab 230 Euro inkl. Frühstück

VERMOUTH d'ONORE

☞ Palazzo Navona

Die Lobby des Palazzo Navona Hotels ist eine reine Freude: Ein gekonnter Mix von klassischen Polstermöbeln, Designklassikern und sehr modernen Einrichtungselementen lässt den stilbewussten Menschen direkt aufatmen. Dazu kommt natürlich die Lage: eine Minute bis zum Piazza Navona, eine Minute bis zum Sant'Eustachio, dem Klassiker unter den Cafés. Die Räume schaffen es leider nicht so ganz, das Stil-Niveau der Lobby zu halten, obwohl wertige Materialien benutzt wurden. Sie sind groß und hell, wirken aber ein wenig kühl. Die privilegierte Lage bestimmt natürlich den Preis.

Adresse: Largo della Sapienza, 8
Tel: 0039 06 8115 2341
Internet: www.palazzonavonahotel.com
Preise: DZ ab 210 Euro inkl. Frühstück

☞ Casa Montani

Ein klassisches Bed & Breakfast ist die Casa Montani nicht, eher eine wirklich gut gelungene Luxusvariante. Hier bestimmt die Chefin selbst und das sieht man: Kleine Details in den sehr geschmackvoll, klassisch eingerichteten Zimmern geben dem Ganzen einen sehr persönlichen Twist, der den Aufenthalt wirklich angenehm macht. Die Räume sind so angelegt, dass man überall den Eindruck von komfortabler Weitläufigkeit hat – hier waren definitiv Könner am Werk. Wer stilvoll und zentral am Piazza del Popolo wohnen möchte und das zu einem angenehmen Preis, der ist hier goldrichtig.

Adresse: Piazzale Flaminio, 9
Tel: 0039 06 32 60 0421
Internet: www.casamontani.com
Preise: DZ ab 130 Euro inkl. Frühstück

NERVA BOUTIQUE HOTEL

Bei einem Rom-Besuch sollte man sich darauf einstellen, dass man das meiste zu Fuß erledigt – der Verkehr lädt Besucher nicht wirklich ein zum Mitmachen und die Parksituation ist ein Desaster. Deswegen ist es einfach fantastisch, dass man aus dem Nerva Boutique Hotel von der Tür aus quasi in alle wichtigen Sehenswürdigkeiten hineinfällt. Das Forum Romanum und das Colosseum sind beide nur ein paar Minuten Fußweg entfernt – so hat man auch gleich ein ganz spezielles Rom-Gefühl inmitten all dieser alten, historischen Gemäuer.

Die kleinen Zimmer überzeugen durch eine schlichte, aber bequeme Ausstattung. Vor allen Dingen schätzen die Besucher die Ruhe im ganzen Hotel, obwohl es so zentral liegt. In kleinen Ecken kann man in der Lounge entspannen, der Frühstücksraum ist freundlich und hell eingerichtet. Das Hotel wird persönlich von den Besitzern geführt. Das merkt man an vielen liebevollen Details, die dem Hotel einen ganz besonderen Charakter verleihen. Wer mitten in Rom in einem schönen Zimmer zu einem angemessenen, fairen Preis übernachten will, ist im Nerva Boutique Hotel genau an der richtigen Adresse.

Nerva Boutique Hotel Adresse: Via Tor de'Conti, 3
Tel: 0039 06 678 1835 Internet: www.hotelnerva.com
Preise: DZ ab 150 Euro inkl. Frühstück

I PALAZZI DEL SENATO
PALAZZO CENCI
PALAZZO GIUSTINIANI
ROMA
IN BIANCO E NERO

☞ Blue Hostel

Das Blue Hostel atmet den persönlichen Geist des Betreiberpaares, das extrem hilfsbereit ist und extra eigene Karten mit allen Sehenswürdigkeiten für seine Besucher erstellt hat. Ganz in der Nähe von Termini liegt das Hostel um die Ecke von der beeindruckenden Santa Maria Maggiore Basilika. Die Zimmer liegen im dritten Stock eines Wohnhauses – eine alte Patrizier-Wohnung ist in mehrere Einheiten umgebaut worden. In den Räumen selbst beherrschen die freigelegten Holzdecken die Atmosphäre, die durch die stilsichere und praktische Einrichtung sehr gemütlich und komfortabel ist. Bei der zentralen Lage und dem angenehmen Komfort überrascht das ausgesprochen gute Preis-Leistungs-Verhältnis.

Adresse: Via Carlo Alberto, 13
Tel: 0039 340 925 8503
Internet: www.bluehostel.it
Preise: DZ ab 120 Euro

Antico Caffe
SANTAMARIA
ristorante

PIERLUIGI

Allein der Platz ist einen Besuch wert: Mitten in Rom findet man sie immer wieder, diese kleinen Piazzi, die wie Oasen wirken in dem ganzen Touristen- und Großstadtgewusel. Und der Piazza de'Ricci hat genau das: Dieses Gefühl, das zwangsläufig in einem zufriedenen Seufzer endet. Und genau so sollte man sich auf das Pierluigi einlassen, als Ort, wo man exquisites Essen, hervorragende Weine und einen exzellenten Service genießen und dabei abschalten kann. Bei Pierluigi dreht sich alles um Fisch und den kann man als Fritti Misti, als italienische Variante des Sashimi, oder natürlich auch zu Pasta haben. Wer mag, kann sich die Meeresfrüchte an der übergroßen Auslage aussuchen und sich davon überzeugen, dass hier wirklich nur frische Waren auf den Tisch kommen.
Das Restaurant ist in dunklen Farben gehalten, mit viel Holz und blütenweißen Tischdecken, auf der Terrasse wird dieser Stil fortgeführt und man hat überall das Gefühl, dass man von lässiger Vornehmheit umgeben ist – nicht zuletzt die immer bereitstehenden Kellner mit ihren weißen Schürzen verstärken dieses Gefühl, sie sind nicht aufdringlich, aber immer zum richtigen Zeitpunkt zur Stelle. Man ist kaum verwundert, in den kleinen Nischen sowohl auf das Pärchen älterer Amerikanerinnen mit weißen Handschuhen als auch den lässigen Römer mit grauen Schläfen und Sonnenbrille zu treffen. Hier können Sie es sich gut gehen lassen.

Pierluigi Adresse: Piazza de'Ricci, 144, 1/2 Tel: 0039 06 686 8717
Internet: www.pierluigi.it Öffnungszeiten: Montag – Sonntag 12.00 – 15.00 Uhr und 19.00 – 23.30 Uhr

Pierlu

Beltramme

FIASCHETTERIA BELTRAMME

Vorsicht, man läuft schnell vorbei! So unscheinbar von außen, um so schöner von innen. Dabei ist es nur ein kleiner schmaler Schlauch mit einer Tischreihe rechts und einer links. Doch es gibt Räume, die sind einfach sympathisch: Wände, die Geschichten tuscheln, Kunst bis unter die Decke und auf jedem freien Zentimeter ein schönes Detail.

Für viele Künstler wie Pier Paolo Pasolini, Renato Guttuso, Ennio Flaiano und Schifano war die Fiaschetteria Beltramme alias „da Cesaretto" in den fünfziger und sechziger Jahren ein zweites Zuhause. Die Maler brachten ihre Bilder, um ein paar offene Rechnungen zu begleichen oder einfach, um sich bei Cesaretto Guerra, dem ehemaligen Besitzer, für einen wilden Abend zu bedanken. Ein *Mini-Moma* in Roma entstand.

Das Beltramme bleibt sich treu. Heute bringt Cesaretto der III. durch seine Liebe für die Kunst und die Musik von Eros Ramazotti ein interessantes Publikum zusammen. Römer und Stammgäste aus der ganzen Welt schwören auf ihre Lieblingsgerichte wie *tonnarelli cacio e pepe, rigatoni alla Cesaretto* oder *tonnarelli al sugo d'arrosto*. Zum Schluss noch ein *mousse al cioccolato* oder *ai marroni*, die Klassiker auf der Karte.

Achtung! Es gibt kein Telefon und somit keine Reservierungen. Kommen Sie besser kurz vor den Stoßzeiten und – jeder Platz wird genutzt.

Fiaschetteria Beltramme Adresse: Via della Croce, 39
Tel: 0039 06 69797200 Internet: www.fiaschetteriabeltramme.info
Öffnungszeiten: Täglich 11.30 – 23.00 Uhr

FIASCHETTERIA
Arturo
VONGOLE 14,00
LA CORSARA 14,00
FUNGHI PORCINI
16,00
TARTUFO 18,00
ALLA BOLOGNESE
12,00
10,00
LLA SORRENTINA
12,00
ALLO SCOGLIO
14,00
FORNO CON
ATE 16,00
E ALLA PARMIGIA
8,00

Rigatoni alla Cesaretto

Für 4 Personen

In eine große Schüssel zuerst das Pesto geben. Die halbierten Kirschtomaten, die Mozzarellakugeln und den klein geschnittenen Rucola dazugeben und mit dem Pesto vermischen. Anschließend etwas ziehen lassen. Den Parmesan reiben, die Pasta al dente kochen, abseihen und sofort in die große Schüssel geben, um sie mit der Sauce zu vermischen. Am Ende den geriebenen Parmesan unterziehen. Mit ein paar Blättern Basilikum dekorieren und schnell servieren.

500 g dicke Rigatoni
1 Glas pesto genovese, am besten selbst gemacht
1 Packung kleine Kugeln Mozzarella di Bufala, alternativ einen großen Mozzarella di Bufala in Würfel schneiden
1 Bund Rucola oder Rughetta
300 g sehr aromatische Kirschtomaten
1 Handvoll Basilikum-Blättchen
200 g Parmigiano Reggiano
1 halbe Tasse gutes Olivenöl

☞ Cab Gino

Sehr zentral und doch so versteckt in einer kleinen Gasse am „Piazza del Parlamento" gelegen, ist diese sympathische Trattoria mit den vielen Bildern an den Wänden eine wirkliche Entdeckung. Klassische römische Küche, nur leider kann man nicht draußen sitzen. Hier treffen sich auch gerne die Politiker zum Lunch.

Adresse: Vicolo Rosini, 4, Tel: 0039 06 6873434
Öffnungszeiten: Montag – Samstag 13.00 – 15.45 Uhr und 20.00 – 22.00 Uhr, Sonntag geschlossen

18
23
22
Signore, insegnaci a pregare.
L'odio
18
30
6

GUSTO

Wussten Sie eigentlich, dass das Gusto maßgeblich daran beteiligt war, Rom in eine moderne Metropole zu verwandeln? 1998 riss das frische Konzept von Alessandra Marimo und Alessandro Todini die Stadt aus dem kulinarischen Tiefschlaf. Das martialische Gebäude aus der Mussolini-Zeit bot dazu die nötige Raumhöhe und Grandezza. Die Architektin Alessandra Marimo kümmerte sich um die Gestaltung, während Alessandro Todini die Logistik aufbaute. Kein noch so kleines Detail wurde von Alessandra Marimo dem Zufall überlassen: alles perfekt auf den Punkt gebracht, egal wo man hinschaut. Gleichzeitig wirkt das Gusto wie eine Hommage an das Bistro Pastis aus dem Schlachterviertel in New York mit einer leichten Brise französischer Sommerfrische und einem Hauch römischer Lässigkeit.
Das Gusto schlug ein wie eine Bombe. Damals wie heute stillt es das Bedürfnis kosmopolitischer Römer und Expats auf ein unkompliziertes, aber anspruchsvolles Mittagessen, das sich jeder persönlich zusammenstellen kann – bezahlt wird nach Gewicht. Das Angebot übertrifft sämtliche Erwartungen, jedes Gemüse und sämtliche salattauglichen Komponenten stehen zur Verfügung. Abends trifft man sich zu Pizza oder Bruschetta auf der großen schattigen Terrasse oder man zieht eine Tür weiter und lässt sich in der Fromagerie einen Teller mit Käse und dem passenden Wein servieren.

Gusto Adresse: Piazza Augusto Imperatore, 9 Tel: 0039 06 3226273
Internet: www.gusto.it Öffnungszeiten: Täglich 12.00 – 24.00 Uhr

7

☞ Gusto al 28

Auch das Gusto Caffè, das letzte Projekt der Gusto-Familie, ist ein rundum gelungenes Konzept. Eine moderne Bar-Brasserie, untergebracht in einem Mussolini-Bau aus den 30ern. Während im hinteren Teil Lieblingsgerichte aus der ganzen Welt serviert werden, herrscht vorn im Barbereich und auf der Terrasse eine lebhafte Atmosphäre.
Tipp: Kommen Sie zur Happy Hour, bestellen Sie sich einen Sprizz und stellen Sie sich am Bar-Buffet einen Teller mit kleinen salzigen Köstlichkeiten zusammen. Ein perfekter Aperitivo für nur 10 Euro.

Adresse: Piazza Augusto Imperatore, 28
Tel: 0039 06 68134221
Öffnungszeiten: Täglich 8.00 – 2.00 Uhr, Happy Hour 18.30 – 23.00 Uhr

☞ Maccheroni

Ein Smart-Travelling-Lieblingsrestaurant! Hier stimmt einfach alles: Die ehemalige Fleischerei ist lässig eingerichtet, das Publikum sympathisch und das frische Essen eine erstklassige Mischung aus neuem Geist und Tradition. Hier gibt es eine gute *pasta amatriciana* und Spaghetti Carbonara, aber meiden sie die *pasta cacio e pepe*. Im Sommer sind die Plätze auf der Straße heiß begehrt, also unbedingt reservieren.

Adresse: Piazza delle Coppelle, 44
Tel: 0039 06 6830 7895
www.ristorantemaccheroni.com
Öffnungszeiten: Täglich 12.30 – 15.00 Uhr und 19.00 – 23.00 Uhr

TRATTORIA DA AUGUSTO
DAL 1954

TRATTORIA DA AUGUSTO

Wer sucht in Rom nicht ewig das Bild aus Fellinis Film *Roma*, wo Großfamilien, Freunde und exzentrische Lebenskünstler in heißen Sommernächten an riesigen Tischen auf den Straßen in Trastevere vor einem Teller *spaghetti cacio e pepe* sitzen und wild diskutieren. Und wer möchte nicht auch einmal mit an diesen Tischen sitzen! Fellinis Szenen wurden 1972 im Sabatini ein paar hundert Meter vom Augusto entfernt gedreht. Auch knappe 40 Jahre später findet man im Da Augusto dank Sandro Silvestri noch den Charakter einer einfachen Arbeiter-Trattoria. Im Sommer ist es natürlich am schönsten. Die charmante Piazza de'Renzi steht voller Tische und die Stimmung ist ausgesprochen familiär. Viele Gäste scheinen sich zu kennen, man sitzt zusammen wie unter Freunden, zwischendurch gesellen sich ein Paar Touristen dazu, die das römische Leben glücklich in sich einsaugen.

Sandro Silvestri ist der Enkel von Augusto und führt die Trattoria mit seiner Familie schon seit 1989. Jeder kennt ihn für seine bewusst lässige Art. Sandro gehört einfach zu Augusto, zu Trastevere, ja auch zu Rom. In der Küche wirbelt der Rest der Familie und kocht nach den Rezepten der Großmutter römische Klassiker. Alles schmeckt so, wie es schmecken muss: frisch, einfach und köstlich nach Rom – nein nach Fellini!

Trattoria da Augusto Adresse: Piazza de'Renzi, 15
Tel: 0039 06 5803798 Internet: www.trattoria-romana.it
Öffnungszeiten: Täglich 12.30 – 15.00 Uhr und 20.00 – 23.00 Uhr

LED ZEPPELIN
CELEBRATION DAY
ERCOLEDI 17 OTTOBRE
SOLO PER UN GIORNO AL CINEMA

Involtini di manzo

Rinderrouladen

Sugo: Reichlich Öl in einen großen Topf geben. Zwiebel, Peperoncino und ein Stück Rinderhesse mit Knochen andünsten und mit Weißwein ablöschen. Das Tomatenmark, das Glas Tomaten und einen halben Liter Wasser dazugeben und alles einköcheln lassen. Die Scheiben Rindfleisch mit Mortadella und mit einer dünn geschnittenen Zwiebel belegen, mit Petersilie, Salz und Pfeffer würzen und danach zu einer Roulade (*involtini*) rollen und mit einem Zahnstocher fixieren.
Die Involtini zum Sugo geben und 2,5 Stunden darin gar köcheln.

Mit Brot oder Gemüse servieren.

4 Scheiben Rindfleisch, ca. 0,75 cm dünn – wie für Rouladen
4 Scheiben Mortadella
4 Scheiben hauchdünn geschnittene Zwiebeln
Petersilie, Salz, Pfeffer

Sugo:
1 Zwiebel
1 Stück Rinderhesse mit Knochen
1 Peperoncino
Olivenöl
1/2 Glas Weißwein
1 Glas Tomaten oder zwei kleine Dosen
1 Glas Tomatenmark

☞ Da Enzo

Es gibt sie noch, Restaurants in Rom, die wissen, was gute römische Küche ist und wie man die in einem Umfeld präsentiert, das nicht durch all zu viel Tradition altbacken wirkt, sondern modern und leger. Mitten in Travestere sitzt man im Da Enzo am besten draußen, quasi mitten auf der Straße, und genießt die typisch römische *Cacio e Pepe*, das Bio-Huhn *Pollo alla Romana* und dazu einen guten Hauswein, der von einem biologischen Weingut an der Via Appia kommt. Das junge Personal ist freundlich und hilft einem gerne weiter, wenn man sich nicht zwischen all den römischen Köstlichkeiten entscheiden kann.

Adresse: Via dei Vascellari, 29
Tel: 0039 06 581 2260, Internet: www.daenzoal29.com
Öffnungszeiten: Montag – Samstag 12.30 – 15.00 Uhr und 19.30 – 23.00 Uhr

da Enzo
Cucina
Eldorado

☞ Fish Market

Der Fish Market liegt ein wenig versteckt in Travestere. Das Konzept ist sehr überzeugend: Innen findet man den modernen Industry Style, Metallstühle und alte Holztische und draußen auf dem Vorplatz ein gemütliches Sammelsurium aus verschiedensten Stilen. Wer hier essen will, bekommt vorher eine große Karte auf braunem Einpackpapier, auf der man die gewünschten Gerichte ankreuzt. Nachdem man bezahlt hat, bekommt man sein Essen: gute Fischgerichte, die Misti Fritti sind reichhaltig und köstlich.

Adresse: Vicolo della Luce, 2/3/5
Tel: 0039 320 391 0934
Öffnungszeiten: Montag – Freitag 19.00 – 24.30 Uhr,
Samstag – Sonntag 13.00 – 15.30 Uhr und 19.00 – 24.30

FISH MARKET

TRATTORIA DA ALFREDO E ADA

Wenn man nicht weiß, dass das Da Alfredo e Ada auf der Via dei Banchi ist, geht man glatt dran vorbei. So schlicht und unscheinbar ist der Eingang. Das Restaurant ist voller Geschichte und wird schon in dritter Generation als Familienbetrieb geführt. Die Einrichtung ist fast spartanisch und wunderschön: Tische mit Marmorplatte und simple Stühle. Hier geht es nicht um Pomp, hier geht es um das einfache italienische Essen, das durch Klassiker der römischen Küche begeistert ... Unbedingt sollten Sie den Chicoria bestellen – der typische italienische Bitterkohl, der zu jedem Gericht schmeckt. Auch zu empfehlen ist die vegetarische Lasagne, die die klassische italienische Küche mit modernen Bedürfnissen verbindet, oder ganz römisch und köstlich, der Stockfisch in Tomate. Dazu gekühltes Wasser sowie ein Glas Wein und der italienische Lunch ist perfekt. Geführt wird das Da Alfredo e Ada von der sympathischen Enkelin, die im Service sehr viel Herz und Leidenschaft einfließen lässt. In der Küche steht ihr Freund und ab und an hilft auch der Papa noch mal aus. Gerne erzählt die junge Dame über ihre Nonna, die ganz besonderen Gästen immer einen Keks aus der alten Emailledose anbot. Die Dose und die Kekse gibt es immer noch und es lohnt, sie mit einem leichten Dessertwein zu kosten – das lässt einfach das Herz höher schlagen!

Trattoria da Alfredo e Ada Adresse: Via dei Banchi Nuovi, 14
Tel: 0039 06 687 8842 Öffnungszeiten: Dienstag – Samstag 12.30 – 24.00 Uhr, Sonntag – Montag geschlossen

MAGNIFICO
ALFREDO
E
ADA

DAR FILETTARO A SANTA BARBARA

Frittierter Kabeljau – Butterbrot mit Anchovis und *puntarella*, ein leicht bitterer Salat, ohne den ein Römer kaum leben könnte. Das war's, mehr gibt es hier nicht. Seit über 100 Jahren drei Gerichte. Diese sind dafür auf den Punkt gebracht. Im Sommer ist es einfach herrlich. Auf dem Largo dei Librari, Platz der Buchhändler, vor der Filettaro Santa Barbara stehen überall Tische und Bänke, und alle Gäste knabbern an ihren goldbraun frittierten Fischfilets, die ganz mild schmecken – nicht so salzig, wie man das bei einem *baccalà* vermuten würde.
Marcello, seit 30 Jahren der grummelige Besitzer dieser Institution, sorgt nicht gerade für zusätzliche Heiterkeit. Aber das tut der guten Stimmung auf dem Platz vor der charmanten Kirche Santa Barbara keinen Abbruch. Dafür ist seine Schwester Loredana das wonnige Abbild von *la mamma romana*. In ihrer Küche ist sie die Königin. Jedes ihrer in Teig getauchten Filets lässt sie mit liebevollem Blick in das Öl gleiten. Drei verschiedene Pfannen mit unterschiedlichen Temperaturen sind in der kleinen Küche im Einsatz. Und so verlassen unzählige *fritti di baccalà* jeden Abend die Küche.
Die Preise sind wahrscheinlich so alt wie die Karte. Egal was Sie essen und wie viel, Sie schaffen es nicht, die 10-Euro-Grenze zu erreichen.

Dar Filettaro a Santa Barbara Adresse: Via dei Giubbonari, 88
Tel: 0039 06 6864018 Öffnungszeiten: Montag – Samstag
17.00 – 23.00 Uhr, Sonntag geschlossen

M·SACR·
YOGURTERIA
CREPÊS
GRANITE DI FRUTTA FRESCA
L' Angolo dell' Artista

FILETTI BACCALA'
DOMENICA

Dar Filettaro a Santa Barbara
VILLAGGIO DEI PINI

FILETTI DI BACCAL

Moretti
alla spina

CIAMPINI

Manchmal überrascht einen auf Reisen das Gefühl, dass sich in diesem Moment alles richtig anfühlt. Es gibt all die guten Dinge, die man liebt, und es schmeckt köstlich. Auf Ciampinis Terrasse mit einem Caffè und einer Brioche zu sitzen, fühlt sich genau so an. Dabei ist es fast egal, wann man kommt. Ob morgens an der Bar eingeklemmt zwischen den Politikern auf dem Weg ins Parlament, mittags in einem kühlen Eckchen mit einem Tramezzini zwischen den feinen Senioras, nachmittags auf der Terrasse mit *granita di limone* oder einfach abends bei einem *aperitivo Ciampini*, um den Tag ausklingen zu lassen. Meistens trübt in Italien die Rechnung am Ende den glücklichen Moment, aber bei Preisen um 3,20 Euro für ein Tramezzini und 2,60 Euro für einen Caffè auf der Terrasse kann man noch alles in vollen Zügen genießen.
Besonders berühmt ist das Café für sein Schokoladeneis und den *tartufo*. Alle Eissorten werden seit 1935 nach gleicher Rezeptur mit frischen Zutaten von der dritten Generation der Familie Ciampini hergestellt. Wer weiterziehen möchte, kann sein Eis natürlich auch mitnehmen.

Ciampini Adresse: Piazza San Lorenzo in Lucina, 29
Tel: 0039 06 6876606 Internet: www.ciampini.com
Öffnungszeiten: Montag – Samstag 9.30 – 23.00 Uhr, Sonntag 11.00 – 24.00 Uhr

Riservato

FUMARE
British Idiosyncratic Artists
TWENTIETH-CENTURY JEWELRY
NEW YORK
STAMPING OUR HISTORY

GIOLITTI

Giolitti

Giolitti ist das Mekka für alle Liebhaber echter italienischer Gelati. Das Café ist seit Generationen der erste Anlaufpunkt für jeden, der ein gutes Eis in Rom essen mag. Dabei ist es immer wieder – wir waren schon sehr oft da – faszinierend, wie die Eismacher diesen Schmelzpunkt hinbekommen – das Eis ist einfach zu köstlich. Dafür nimmt man auch gern längere Wartezeiten an der Kasse in Kauf. Währenddessen kann man den Blick schweifen lassen über stylishe Kaffeemaschinen, polierte Theken und elegante Eisverkäufer in weißen Uniformen mit Schulterklappen. Hier bekommt man auch einen hervorragenden Kaffee und gute Dolci, aber das Eis ist die Hauptattraktion – zu Recht! Ein Besuch in Rom ohne Giolitti geht nicht.

Adresse: Via Uffici del Vicario, 40
Tel: 0039 066991243, Internet: www.giolitti.it
Öffnungszeiten: Täglich 7.00 – 1.30 Uhr

ENOTECA CUL DE SAC

Das Cul de Sac war ein Vorreiter. 1977 wurde die schmale Enoteca, wenige Schritte vom Piazza Navona entfernt, zum Vorbild einer neuen Generation der Weinbar in der ganzen Welt. Heute ist sie die Urmutter, ein sympathischer Klassiker mit einer authentisch römischen Küche. *Trippa* (Kutteln), Ochsenschwanz und *involtini* (römische Rouladen) ergänzen sich harmonisch mit den 1500 Weinen, die in den Regalen über den Köpfen der Gäste schon darauf warten, entkorkt zu werden.

Das Publikum und der charmante Service spiegeln den langjährigen Erfolg am besten wieder. Mittags treffen Sie hier auf genussfreudige Geschäftsleute, die in intellektueller Nachbarschaft mit ein paar Reisenden bei Sonnenschein auf der Terrasse sitzen. Abends ist das Cul de Sac eine gute Adresse, wenn Ihr Lunch so üppig war und Sie nur Lust auf einen Snack haben. Dann empfehlen wir ein paar gute Gläser Wein mit einer Auswahl an verschiedenen Pasteten und besonderen Käsesorten. Die Pasteten sind alle hausgemacht und haben ihren festen Platz in den Herzen der Gäste.

Enoteca Cul de Sac Adresse: Piazza di Pasquino, 73
Tel: 0039 06 68801094 Internet: www.enotecaculdesacroma.it
Öffnungszeiten: Täglich 12.00 – 00.30 Uhr

Ⓧ Aperitivo

☞ Caffè Perù

Schaut man sich den Altersschnitt im Caffè Peru an, merkt man, hier geht einfach jeder hin: 20-jährige frisch Verliebte und 80-Jährige aus der Nachbarschaft, die wiederum schon mit ihrer ersten Liebe zum Kaffee trinken herkamen. Es ist der Place to be nach dem Lunch in der City oder abends nach dem Dinner. Wenn man beim Tageseinkauf das Bier, den Wein oder den Prosciutto vergessen hat, wird man ebenfalls fündig. Die Atmosphäre ist großstädtig: lässig an der Bar stehen, Caffè oder Wein trinken oder draußen an den runden Tischen mit Zigarette – hier ist man definitiv unter Römern!

Adresse: Via di Monserrato, 46
Tel: 0039 06 687 9548, Internet: www.caffeperu.it
Öffnungszeiten: Montag – Samstag 6.00 – 2.00, Sonntag 9.00 – 21.00

☞ Bar Camponeschi

Direkt neben dem Restaurant Camponeschi liegt die wunderschöne Bar Camponeschi. Sie zählt zu diesen schönen Plätzen in Rom, an denen man stilvoll den Abend einläuten kann. Hier bestellt man einen Wein, einen Spumante oder einen Campari und genießt dazu all die schönen Köstlichkeiten, die in Italien einfach zum Aperitivo dazugehören. Dazu sitzt man am besten draußen am Piazza Farnese um die Ecke vom Campo de'Fiori. Das Publikum ist leger und sehr römisch, man kann sich ganz dem „when in Rome, do like the Romans do" hingeben und sehen und gesehen werden.

Adresse: Piazza Farnese, 52
Tel: 0039 0668135104
Öffnungszeiten: Montag – Samstag 17.30 – 01.00 Uhr, Sonntag geschlossen

SANT'EUSTACHIO
20 SETTEMBRE

Sant'Eustachio®
il caffè

SANT'EUSTACHIO

Eigentlich sollten Sie mindestens einmal am Tag bei Sant'Eustachio einen *caffè cremosa* genießen. Es ist zweifellos der beste und cremigste Caffè in Rom. Das Gute ist, dass sich ein kurzer Besuch wegen der zentralen Lage direkt hinter dem Pantheon quasi immer lohnt. Doch erwarten Sie kein Café mit vielen Tischen. Im Sant'Eustachio wird der Caffè an einem geschwungenen Dreißiger-Jahre-Tresen getrunken. Der Cappuccino ist natürlich genauso köstlich und im Gegensatz zu anderen Bars schon leicht gesüßt. Wer ihn ungesüßt lieber mag, sollte das dem *barista* (Barmann) vorher sagen. Nur keine Scheu! In Italien geht man regelrecht unter, wenn man keinen Sonderwunsch parat hat. Den köstlichen Kaffee gibt es natürlich auch zum Mitnehmen. Die leuchtend gelben Kaffeetüten sind mit dem traditionellen Hirschkopflogo, das Zeichen der gegenüberliegenden Kirche Sant'Eustachio, versehen und passen einfach in das aktuelle Beuteschema im Bereich Delisouvenirs: erstklassige Produkte in traditionellen Verpackungen. Das haben die beiden Brüder Raimondo und Roberto Ricci natürlich schon längst erkannt und erweiterten das breite Kaffeeangebot um Kaffeelikör, Schokoladenkaffeebohnen, *marroni* und diverses Kaffeegeschirr. Wer sich wenig um Kalorien kümmert, dem seien die *baci morbidi*, weiche Küsse, besonders zu empfehlen – eine der letzten Erfindungen aus dem Hause Sant'Eustachio.

Sant'Eustachio Adresse: Piazza Sant'Eustachio, 82
Tel: 0039 06 68802048 Internet: www.santeustachioilcaffe.it
Email: info@santeustachioilcaffe.it Öffnungszeiten: Täglich 8.30 – 1.00 Uhr,
Freitag bis 1.30 Uhr, Samstag bis 2.00 Uhr

Sant' Eustachio

Sant'Eustachio
il caffe'
dal 1938
a Roma
LM 20 S
FEB 2010
Caffè macinato
tostato a legna
Prodotto in Italia

URBS MIRABILIS
Sant' Eustachio
MISCELA di CAFFE'
MARRON GLACÉS
€ 2,00
SWEDA
Sant' Eustachio
Latte
di
Mandorla
Coffee Roasted
American Style
Sant' Eustachio
il caffè
NOVITÀ
TAVOLETTA
DI CIOCCOLATO CON
CAFFÈ SANT'EUSTACHIO

Ein Gespräch mit Raimondo Ricci

Einer der beiden Brüder und Besitzer des Sant'Eustachio

Wie unterscheiden sich italienische Kaffeemischungen von deutschen?

In Italien mischt man immer sechs bis sieben Kaffeesorten zusammen. Italienischer Kaffee ist wie ein Orchester – ein Instrument allein ist langweilig, erst das Zusammenspiel verschiedener Instrumente macht eine komplexe Musik. Deutscher sowie amerikanischer Kaffee hat nur eine Kaffeebohnen-Sorte und wird auch nur 10 Minuten geröstet. Ein Espresso wird 20 Minuten geröstet, bis er leicht karamellisiert.

Warum hat der Filterkaffee mehr Koffein?

Beim Filterkaffee geht mehr Wasser durch den Kaffee und damit auch mehr Koffein.

Warum hat sich in Italien nie der Kaffee im Sitzen durchgesetzt?

Am Anfang war das wirtschaftlicher und der Kaffee konnte billig sein. Ein Café konnte so bis zu 6.000 Caffè auf kleinstem Raum machen. Irgendwann war es dann einfach Tradition. Keiner sitzt in Rom einen halben Nachmittag vor einer Tasse Kaffee und plaudert.

Wie macht man den besten Kaffee mit der neapolitanischen Schraubkaffeemaschine?

Dazu müssen Sie einige Tipps berücksichtigen:

- Lagern Sie Ihren Kaffee im Kühlschrank.
- Benutzen Sie Flaschenwasser zum Kaffeekochen.
- Drücken Sie den Kaffee nicht fest in das Sieb – besser flach, aber locker.
- Verwenden Sie wenig Hitze und nehmen Sie die Maschine gleich nach dem Hochsteigen vom Herd.

QUARTARONI

SMART
TRAVELLING

GUT ZU WISSEN

Rom ist groß, darum ist dieser Infoteil so klein. Hier erfahren Sie nicht alles und jedes, sondern genau das, was Sie für ein perfektes Wochenende brauchen. Wenige, aber genau die richtigen Informationen: Wissenswertes über die römische Lebensart, eine kleine subjektive Auswahl an Sehenswürdigkeiten, Spaziergängen und Tipps für Unternehmungen am Sonntag. Dazu einen Stadtplan mit all unseren Lieblingsadressen, damit Sie nicht lange suchen müssen, sondern gleich anfangen können Rom zu genießen.

KULTUR

In Rom würde ein Leben nicht ausreichen, um all die Museen und Sehenswürdigkeiten anzuschauen. Damit Sie nicht verzweifeln, haben wir für Sie die zehn bedeutendsten Attraktionen ausgewählt, die man einmal im Leben gesehen haben muss.

1. Pantheon
2. Dom Sankt Peter
3. Vatikanmuseum
4. Trevibrunnen
5. Spanische Treppe
6. Piazza Navona mit seinen drei Brunnen

7. Campidoglio
8. Kolosseum
9. Forum Romanum
10. Villa Borghese

Da wir kein Kunstreiseführer sind, sondern unseren Schwerpunkt darauf legen, hinter die Kulissen einiger ausgewählter Restaurants und Hotels zu schauen, empfehlen wir Ihnen an dieser Stelle, für tiefere Einblicke einen Kunstreiseführer bei Feltrinelli am Largo di Torre Argentina zu kaufen oder bei www.romaculta.it auf die Webseite zu gehen. Hier finden Sie alles herrlich strukturiert und bebildert, wie Sie es kaum in einem Reiseführer finden können.
Sollten Sie eine Führung durch Rom planen, melden Sie sich am besten bei Roma Culta unter: 0039 33 87607470.

VERSTECKTE SEHENSWÜRDIGKEITEN

Die Priscilla-Katakomben

Nach römischem Recht durften Tote nur außerhalb der Stadt begraben werden. Mit der Zeit wurde der Platz knapp. Die Christen begannen wohl als Erste, ihre Toten in unterirdischen Gängen zu bestatten, die in das weiche Gestein gegraben wurden. Mit der Zeit entstanden so mehrstöckige Anlagen, in denen zehntausende Menschen ihre letzte Ruhestatt fanden. Bekannt sind die Priscilla-Katakomben durch ihre frühchristlichen Fresken aus dem 2. und 3. Jahrhundert. Sie beheimaten auch eine der ältesten bekannten Darstellungen von Maria als Mutter Jesu.
Die Priscilla-Katakomben an der Via Salaria sind nicht so stark besucht wie die Katakomben an der Via Appia, aber nicht weniger bedeutend. Die Führungen in diesen Katakomben werden von zumeist uralten Benediktinerinnen geleitet. In den Katakomben ist es recht kühl, deshalb ist ein Pullover ratsam. Führungen sind unter anderem auf Deutsch und Englisch möglich.

Via Salaria, 430
Tel: 0039 06 86206272
www.catacombepriscilla.com
Dienstag – Sonntag 8.30 – 12.00 Uhr, 14.30 – 17.00 Uhr, Eintritt: 8 Euro

Domus Aurea

Auf dem Colle Oppio nördlich des Kolosseums befand sich die Domus Aurea, das „Goldene Haus“ des Kaisers Nero. Er ließ es nach dem großen

Brand 64 n. Chr. errichten. Damals erstreckte sich sein Palast bis zum Kolosseum. Wegen der unpopulären Erinnerungen an Kaiser Nero wurde der Palast von seinen Nachfolgern überbaut. Die Domus Aurea ist im Rahmen von Führungen von Dienstag bis Freitag von 10 bis 16 Uhr für Besucher offen. Alle 40 Minuten können maximal 20 Personen an einer Führung teilnehmen. Eine telefonische Anmeldung ist erforderlich. Leider gelangt man im Rahmen dieser Führungen nicht in alle Räume.

Viale della Domus Aurea, 1, im „Parco del Colle Oppio" oder „Parco Traianeo", der Eingang zum Park ist beim Kolosseum am Anfang der Via Labicana
Tel: 0039 06 39967700
archeoroma.beniculturali.it/siti-archeologici/domus-aurea

Villa Borghese

Die Villa Borghese befindet sich im nördlichen Teil des Parco Borghese. Sie wurde immer schon als Ort für Kunstausstellungen genutzt. Viele bedeutende Arbeiten von Canova und Bernini sind hier auch in Form von Skulpturen zu sehen. Bernini ist eindeutig der dominierende Künstler der ganzen Sammlung. Seine wichtigsten Werke sind Apollo und Daphne. Die Pinakothek zeigt außerdem Gemälde von Tizian, Raffael und Rubens, wobei die Rahmen fast ebenso imposant sind wie die Gemälde selbst. Einlass ist alle zwei Stunden und leider sollte man sich besser anmelden. Am besten lassen Sie das über Ihr Hotel organisieren. Es lohnt sich auf jeden Fall!

Spaziergang:

In der Nähe der Villa Borghese bietet sich ein romantischer Spaziergang zu der Voliere an. Das wunderschöne Gebäude befindet sich in der Nähe der Piazzale dei Daini.

Piazzale del Museo Borghese, 5
Tel: 0039 06 32810
www.galleriaborghese.it
Dienstag – Sonntag 8.30 – 19.00 Uhr

Musei Vaticani

Ein Leben ist nicht lang genug, um all die Schätze zu bewundern, die der Vatikan zu bieten hat. Die Sixtinische Kapelle, die Werke von Raffael und Michelangelo sind vielleicht die berühmtesten Kunstwerke. Die Stanzen des Raffael rauben einem den Atem und vor den Fresken der Sixtinischen Kapelle will er dem Betrachter vor Staunen gleich völlig wegbleiben. Leider ist die Papstkapelle immer überfüllt und die andächtige Ruhe will sich nicht ganz einstellen. Das zeitgenössische Museum mit Bildern von Braque, Klee und Picasso ist an sich schon einen Besuch wert. Es gibt allein 18 Sammlungen im Vatikanmuseum. Man kann unter Rundgängen zwischen 1,5 und 4 Stunden wählen. Mit dem Audioguide, der die Führung gut begleitet, sollte man 3 Stunden kalkulieren. Wer unter die Kuppel des Petersdoms steigen möchte, was unbedingt zu empfehlen ist, muss sich 14 Tage im Voraus anmelden.

Viale Vaticano
Tel: 0039 06 69884676
Montag – Samstag 9.00 – 18.00 Uhr

Musei Capitolini

Auf den Fersen unzähliger Brautpaare hoch zum Campidoglio zu steigen, sollte man auf keinen Fall verpassen. Neben dem Museum befindet sich das Standesamt mit Kirche, wo die meisten Ehen in Rom geschlossen werden. Die Sammlung aus Statuen in Bronze und Marmor entstand unter Papst Sixtus IV. und wurde 1734 der Öffentlichkeit in Form eines Museums zugänglich gemacht. Das Musei Capitolini ist somit eines der ältesten Museen in Rom. Es wurde um die Jahrtausendwende renoviert und ist nicht nur wegen der spektakulären Lage einen Besuch wert. Die Atmosphäre mit dem Innenhof und den vielen Statuen ist sehr reizvoll und versprüht ihren eigenen Charme.

Piazza del Campidoglio, 1
Tel: 0039 06 0608
www.museicapitolini.org
Dienstag – Sonntag 9.00 – 20.00 Uhr

Pantheon

Das architektonische Prinzip des Pantheon ist so uralt wie genial. Würde man die Ringe der Kuppel nach und nach bis nach unten fortsetzen, berührten sie genau den Boden des Tempels. Das Pantheon besitzt in Form der berühmten neun Meter breiten Öffnung eine einzige Lichtquelle in der Mitte der Kuppel. Das Loch symbolisierte damals die Sonne. Im Pantheon verehrte man die Planetengötter Neptun, Jupiter, Uranus, Mars, Venus und Saturn. Die schlichte Schönheit des Baus zieht jährlich tausende Besucher an. Am besten kommt man deshalb ganz frühmorgens, wenn noch wenige vor dem Grab Raffaels stehen und man die Herrlichkeit des Bauwerkes in vollen Zügen genießen kann.

Verbinden Sie Ihre Tour zum Pantheon unbedingt mit einem Caffè bei La Tazza d'Oro. Neben Sant'Eustachio ist es eine weitere Adresse für guten Kaffee in Rom und liegt, wenn man das Pantheon verlässt, rechts neben dem Platz.

Pantheon
Piazza della Rotonda
Tel: 0039 06 68300230
www.pantheonroma.com
Montag – Samstag 9.00 – 19.30 Uhr,
Sonntag 9.00 – 18.00 Uhr

Tazza d'Oro
Via degli Orfani, 84
Tel: 0039 06 6789792
www.tazzadorocoffeeshop.com
Montag – Samstag 7.00 – 20.00 Uhr

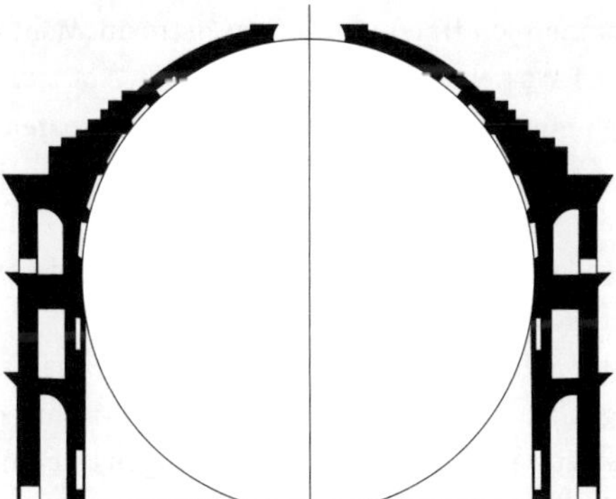

Basilica di San Clemente

San Clemente ist das faszinierendste Sandwich Roms. Nirgendwo könnte man Roms Geschichte eindrucksvoller nachvollziehen.

Die Zeitreise zieht sich durch 1 200 Jahre mit drei Haltestellen: Antike, 4. Jahrhundert n. Chr. und Byzantinische Epoche. Die erste Schicht ist ein christliches Wohnhaus aus der Antike, wo sich Christen vor der Legalisierung des Christentums im Jahre 313 zur Kommunion trafen. Es gab sogar fließend Wasser, das man heute noch unten rauschen hört. Direkt nebenan liegt das Mithraeum, ein Tempel aus der heidnischen Zeit. Die darüberliegende Kirche aus dem 4. Jahrhundert bildet die mittlere Schicht. Hier sind Szenen aus dem Leben des Heiligen San Clemente in Form von Fresken zu sehen. Die dritte und letzte Schicht ist die heutige Basilica di San Clemente. Sie wurde Anfang des 12. Jahrhunderts unter Papst Paschalis II. errichtet, nachdem der Vorgängerbau im Jahr 1084 durch die Plünderungen der Normannen zerstört wurde. Bemerkenswert sind die Mosaiken in der Apsis und am Triumphbogen. Die zwölf Tauben auf dem Kreuz symbolisieren die Apostel. Die Unterkirche und das Mithraeum sind gegen Eintritt von der Sakristei aus zu besichtigen.

Via di San Giovanni in Laterano
Tel: 0039 06 7740021
www.basilicasanclemente.com
Täglich 9.00 – 12.30 Uhr und
15.00 – 18.00 Uhr

Weitere unbekannte Kirchen:

Il Tempietto und San Pietro, Piazza di San Pietro in Montorio, Trastevere.
Santa Prassede und Santa Pudenziana mit kostbaren Mosaiken, Via Urbana, 161, nahe der Via Cavour.
Sant'Ignazio mit seiner simulierten Kuppel, Piazza di Sant'Ignazio, Centro Storico.
San Silvestro, Piazza San Silvestro.
San Giovanni mit dem schönsten Kreuzgang in Laterano.

MACRO

In dem gigantischen Industriekomplex – ehemals eine Pasta-Fabrik – wurde 1999 der erste Versuch gestartet eine permanente Kollektion zeitgenössischer italienischer Kunst von 1960 an auszustellen. Zu sehen sind Arbeiten der italienischen Arte Povera sowie international weniger bekannte römische Kunstgruppen. Die sechs Hallen bieten viel Platz für zeitgenössische Ausstellungen, die man vorab auf der Website erfragen sollte. Außerdem befinden sich eine Medienbibliothek, ein Buchladen, ein Kunststudio und ein Café in dem Komplex.

Via Reggio Emilia, 54, zwischen Villa Borghese und Stazione Termini
Tel: 0039 06 671070400
www.museomacro.org
Täglich: 9.00 – 21.00 Uhr

In Testaccio befindet sich ein zweites Haus mit moderner Kunst, untergebracht in einer alten Schlachtereihalle.

MACRO Testaccio
Piazza Orazio Giustiniani, 4
Tel: 0039 06 671070400
Dienstag – Sonntag 14.00 – 20.00 Uhr

Galleria Lorcan O'Neill

Untergebracht in einer ehemaligen Autowerkstatt in Trastevere gehört die Galerie zu einer der beliebtesten in Rom mit wechselnden Ausstellungen von großen zeitgenössischen Künstlern wie Anselm Kiefer, Kiki Smith, Tracey Emin.

3 Vicolo dei Catinari
Tel: 0039 06 68892980
www.lorcanoneill.com
Sommerzeit: Dienstag – Samstag 11.00 – 19.00 Uhr

EUR

Geplant und gebaut wurde dieses monumentale Viertel zu Mussolinis Zeiten für die Weltausstellung 1942, die wegen des Krieges dann jedoch nicht stattfand. Die Atmosphäre dieser Architektur und des darin integrierten künstlichen Sees ist unvergleichlich. Die Klarheit der Gebäude und die Perspektiven der Achsen, von denen eine das Viertel direkt mit dem Meer verbindet, bilden einen starken Kontrast zu dem ansonsten historisch geprägten Rom. Ein absolutes Muss für alle Architektur-Interessierten.

Quadrato della Concordia/Viale della Civiltà e del Lavoro (EUR), Metro: EUR Magliana (Richtung Flughafen)
www.romaeur.it

AUSSICHTEN

Roms Skyline ist eine wilde Mischung aus vielen Bauzeiten. Umso faszinierender ist es, von einem der Hügel oder von verschiedenen Sehenswürdigkeiten aus die Stadt stundenlang zu betrachten. Wer eine Vespa hat, kann die vielen Hügel hinauffahren und sich leicht die Stadt von unterschiedlichen Orten aus betrachten. Eindeutig die schönste Möglichkeit, Rom von oben zu bestaunen.

Der Gianicolo in Trastevere

Wo man recht leicht hinkommt und einen besonders schönen Blick über Rom hat. Gehen Sie bis zum Aussichtsturm Faro di Vittoria – am besten bei Sonnenuntergang und mit einer Flasche kühlem Weißwein unter dem Arm.

Gianicolo – Faro di Vittoria
Piazzale del Faro

Monte Mario

Wo man nur mit der Vespa leicht hochkommt. Das Ziel ist die Bar Zodiaco mit ihrer atemberaubenden Aussicht, die man wunderbar bei einem Caffè oder einem Eis genießen kann. Es gibt sogar ein Restaurant mit gigantischen Panoramascheiben, doch ist das Restaurant selbst etwas konventionell eingerichtet.

Il Bar Lo Zodiaco
Viale del Parco Mellini, 88/90/92
Monte Mario
Tel: 0039 06 35496744
www.zodiacoroma.it
Täglich 9.00 – 3.00 Uhr

Tipp für Erschöpfte!
Wer schon zu erschöpft ist oder wenig Zeit hat, sollte auf dem Pincio oberhalb der Spanischen Treppe oder vom Piazza del Quirinale im Viertel Trevi auf Rom schauen. Von beiden Plätzen liegt einem die ganze Stadt zu Füßen.

CASTEL SANT'ANGELO – ENGELSBURG

Es lohnt sich nicht nur des Ausblickes wegen einmal hochzusteigen, auch die 58 Räume, allesamt mit schönen Fresken und Waffen geschmückt, sind einen Besuch wert.
Die Engelsburg ist ursprünglich ein Grabbau für Kaiser Hadrian (76 – 138 n. Ch.). Kaiser Septimus Severus ließ den Bau im Jahre 193 vollenden. Den heutigen Namen erhielt sie, als im Jahre 590 Papst Gregor der Große eine göttliche Vision hatte: Ein Engel erschien ihm über dem Mausoleum und kündigte das Ende der damals herrschenden Pest an, indem er sein Schwert in die Scheide steckte. Heute so dargestellt in der bronzenen Engelsstatue aus dem Jahre 1753 auf der Spitze des Kastells. 1277 veranlasste Papst Nikolaus III., die Burg mit dem Vatikan durch einen unterirdischen Gang zu verbinden. In bedrohlichen Situationen suchten die Päpste immer wieder Schutz in der Engelsburg, die zeitweise auch die päpstliche Schatzkammer und das Geheimarchiv beherbergte. In 1500 Jahren wurde das Gebäude immer wieder umgewandelt, diente als kriegerische Schutzwehr, Kaserne und Gefängnis oder auch für Repräsentationszwecke.

Lungotevere Castello, 50
Tel: 0039 06 6819111
www.castelsantangelo.com
Täglich: 9.00 – 19.00 Uhr

JOGGING IN ROM

Eigentlich läuft man in Rom eh schon recht viel, ausgenommen man leiht sich eine Vespa oder ein Fahrrad. Die Atmosphäre in Rom zu joggen wird sich sicher einmalig in Ihr Gedächtnis einbrennen, denn Rom bietet einige wunderbare Orte dazu. Auf den Spuren der Antike kann man zum Beispiel Runden auf dem Circus Maximus, der Galopprennbahn, drehen. Schattiger und in feiner Gesellschaft joggt es sich im Park der Villa Borghese. Anschließend kann man sich wunderbar bei einem Caffè bei Ciampini in der Piazza della Trinità dei Monti erholen und dabei die schöne Aussicht genießen.

FAHRRAD ODER VESPA MIETEN

Bici & Baci
Via del Viminale, 5
Tel: 0039 06 4828443
www.bicibaci.com
Täglich 8.00 – 19.00 Uhr
Preise: 1 Tag = 11 Euro (Fahrrad),
60 Euro (klassische Vespa)

On Road
Via Cavour, 80, neben der Santa Maria Maggiore
Tel: 0039 06 4815669
www.scooterhire.it
Täglich 9.00 – 19.00 Uhr

Corso Vittorio Emanuele II, 204
Tel: 0039 06 68801966
Montag – Samstag 10.00 – 14.00 Uhr und 14.30 – 18.30 Uhr

STADTFÜHRUNGEN

Roma Culta bieten individuelle Stadtrundgänge und Kulturführungen durch Rom an. Die Auswahl auf der Website macht richtig Lust. Von Mosaiken-Spaziergängen über Glanz der Antike oder versteckte Kirchen findet man jedes Thema aufgeführt. Es gibt auch deutsche Guides, die man allerdings rechtzeitig buchen sollte. Die Touren sind meistens halbtägig.
Wir empfehlen: die versteckten Kirchen, die wenig besuchten Samm-

DO SOMETHING YOU HAVE NEVER DONE BEFORE

Auf einer Vespa durch Rom

Wer sich wie ein Römer fühlen möchte, sollte unbedingt eine Vespa mieten. Denn schöner kann man Rom nicht erkunden. Leicht wie auf einem fahrbaren Stuhl saust man die Hügel hoch und runter und kommt unkompliziert in die entlegensten Winkel der Stadt. Bei Hitze weht ein kühles Lüftchen und die Energien werden für das Centro Storico, die Museen und Parks geschont.

Der erste Gedanke gilt natürlich dem Verkehr. Ist man dem wilden Fahrstil der Römer auch gewachsen? Da die meisten Straßen sehr breit sind – in die kleinen Gassen des Centro Storico darf man ohnehin nicht fahren – mutet es schlimmer an als es ist. Außerdem sind die römischen Autofahrer an Vespas im Straßenverkehr gewohnt! Nur Mut, die anfänglichen Bedenken sind mit dem ersten Fahrtwind wie weggeblasen!

Hey Vespa
Via Cavour, 80, neben der Santa Maria Maggiore
Tel: 0039 06 4815669, www.myvespatours.com
Täglich 9.00 – 19.00 Uhr
Ein Tag kostet ca. 60 Euro. Ab 2 Personen, ab 35 Euro pro Person.

lungen, Kunst im Vatikan mit der Sixtinischen Kapelle und Ausflüge in die nähere Umgebung: Vor allem Tuscia und Tivoli, denn das sind Orte, wo man dankbar für jegliche Organisation ist. Die Website gibt es übrigens auch auf Deutsch!

Roma Cultura
Tel: 0039 33 87607470
www.romaculta.it

VIA APPIA ANTICA

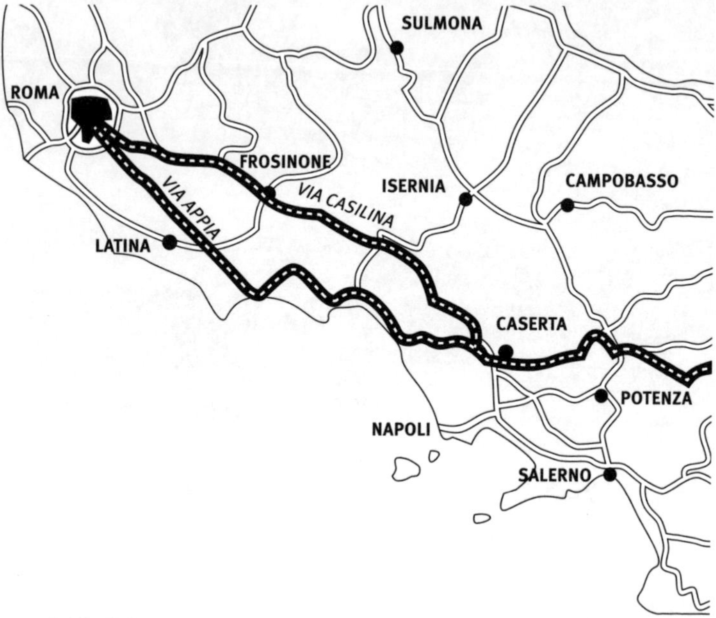

Mit einer Vespa oder mit dem Fahrrad ein herrlicher Ausflug!
Die Via Appia ist die bekannteste Römerstraße. Sie wurde 312 v. Chr. angelegt und ist teilweise noch heute erstaunlich gut erhalten. Ursprünglich führte sie bis Capua, um 190 v. Chr. wurde sie bis Brindisi verlängert. Die Via Appia verlässt Rom an der Porta San Sebastiano. Außerhalb der Mauern gelangen wir zum ersten Meilenstein und zur Kirche Santa Maria in Palmis. Es folgen die Calixtus-Katakomben, wobei aber die Priscilla-

Katakomben vorzuziehen sind, und der Circus des Maxentius, eine nie vollendete Pferderennbahn. Danach folgt ein besonders malerischer Abschnitt mit Ruinen und Aquädukten. Die ersten Kilometer sind von hohen Mauern umgeben. Deshalb empfiehlt sich als Ausgangspunkt die Endstation der Buslinie 660 beim Grabmal der Caecilia Metella. Am Sonntag ist die Appia für Autos gesperrt. Der Parco Dell'Appia Antica bietet sehr ausführliche Informationen mit Spaziergängen:
www.rome.info/ancient/appian-way

Via Appia Antica, ab der Porta San Sebastiano, Buslinien 118, 218, 660
Täglich 9.30 – 17.30 Uhr, im Winter bis 16.30 Uhr

3 UNTERSCHIEDLICHE BEZIRKE

San Lorenzo

Roms Viertel San Lorenzo ist der Prenzlauer Berg von Berlin. In dem alten Gewerbeviertel hat man nach und nach stillgelegte Fabriken in interessante Konzepte oder in Künstlerateliers umgebaut. Die Wohnungen des ehemaligen Arbeiterviertels teilen sich junge Studenten, die sich hier nach und nach ihren persönlichen Mikrokosmos ausgebaut haben. Zwischen den alten Arbeitertrattorien haben sich überall Studentencafés und -bars dazugesellt. Das Café- und Ladenkonzept von SAID in der ehemaligen Schokoladenfabrik ist das schönste Beispiel im Viertel und kann es durchaus mit der internationalen Konkurrenz aufnehmen. In den großzügigen Räumen befinden sich noch die alten Maschinen direkt neben den Tischen und Stühlen zum Kaffeetrinken und die alten Tresen dienen zur Präsentation der Schokolade. Denn angedenk der alten Tradition der Fabrik werden natürlich auch die besten Schokoladen und andere kulinarische Sünden aus aller Welt verkauft. Ein lohnender Anlaufpunkt für das kreative Lorenzo-Viertel.

SAID
Antica Fabbrica del Cioccolato
Via Tiburtina, 135
Tel: 0039 06 4469204
www.said.it
Laden: Montag – Samstag
10.00 – 22.00 Uhr
Restaurant: 12.30 – 0.30 Uhr

Ghetto

Nachdem Judäa zur römischen Provinz wurde, kamen viele Juden als Sklaven nach Rom. Auch einige freie Handwerker und Händler folgten den Sklaven in die Hauptstadt. Sie lebten in Trastevere und gründeten dort ihre erste Gemeinde. Im 14. Jahrhundert übersiedelten viele auf die andere Flussseite. In die Gegend, die sie ab 1555 zwangsweise zu bewohnen hatten.

Antisemitische Stimmungen und Benachteiligungen waren in den vorhergegangenen Jahrhunderten leider gang und gäbe, und auch Papst Paul IV. ergriff harte Maßnahmen gegen die jüdische Gemeinde, die damals 8 000 Mitglieder jüdischen Glaubens umfasste. Sie zahlten den höchsten Steuersatz und mussten sich jeden Freitag vollzählig in einer der vier Kirchen im Ghetto versammeln, um sich die Predigten der Franziskaner anzuhören. Der Papst wollte damit die Juden zum Christentum bekehren. Nach der Einigung Italiens 1870 wurde die Ghettomauer zerstört und die Juden bekamen die vollen Bürgerrechte zurück. Diese Freiheit hielt aber nur bis Mussolini. Die Juden mussten wieder zurück ins Ghetto, das in der Nacht des 16. Oktobers 1943 von der Gestapo gestürmt wurde. 2 091 Juden wurden in die Konzentrationslager deportiert. Von ihnen überlebten nur 15 Juden. Heute leben im ehemaligen Ghetto wieder ca. 500 jüdische Familien.

Trastevere

Trastevere ist das ehemalige Arbeiterviertel und heute das Ausgehviertel für alle. Wer sich eine Wohnung in Rom kaufte, suchte sie in Trastevere, denn das Stadtbild ist hier besonders geprägt von unzähligen Straßenrestaurants in den kleinen Gassen. Doch Romantiker seien gewarnt, Trastevere ist abends so voll, dass es besser ist, man geht abends schnell zu seinem Restaurant der Wahl und bummelt lieber tagsüber durch das Viertel. Ein Smart-Travelling-Lieblingsrestaurant ist das Da Lucia. Hier hängen noch die Wäscheleinen mit den großen weißen „Höschen" über dem Spaghettiteller. Diese alte Trattoria ist noch so authentisch wie möglich. Es gibt eine kleine sehr römische Auswahl an köstlichen Gerichten wie *pasta amatriciana, ciccori*a und einfache Fleischgerichte. Bei einer Flasche Wein kann man nicht schöner in einer römischen Gasse sitzen.

Da Lucia
Vicolo del Mattonato, 2
Tel: 0039 06 5803601
Dienstag – Sonntag 12.30 – 15.00 Uhr
und 19.30 – 24.00 Uhr

NACHTLEBEN IN ROM

Das Nachtleben findet hauptsächlich draußen statt. Am besten man gesellt sich mit einem Glas Wein an den legendären Plätzen dazu und genießt das Leben auf der Straße. Die größte Dichte sympathischer Orte liegt zwischen Campo dei Fiori und Piazza Navona.

Caffè Peru
(siehe S. 80)

Etablì – Caffè Ristorante Winebar
Ein ungewöhnliches Konzept hinter der Piazza Navona. Eine Mischung aus Bar-Lounge-Café – mit sehr viel Liebe und Umsicht gestaltet. Auch am Tag ein schöner Ort zum Entspannen.

Vicolo delle Vacche, 9/9a
Tel: 0039 06 97616694
www.etabli.it
Montag – Mittwoch 7.00 – 1.00 Uhr
Donnerstag – Samstag 7.00 – 2.00 Uhr
Sonntag 9.00 – 1.00 Uhr

Enoteca Il Goccetto
Wer Lust hat sich kundig durch die besten Weine Italiens führen zu lassen, sollte sich hier ein wenig länger niederlassen. Die Auswahl an Weinen ist hervorragend und Kleinigkeiten zum Essen schaffen eine solide Grundlage. Viel Stammpublikum, dennoch findet sich Zeit für eine nette Beratung.

Via dei Banchi Vecchi, 14
Tel: 0039 06 6864268
it.facebook.com/Ilgoccetto
Montag – Samstag 11.30 – 14.30 Uhr
und 18.30 – 24.00 Uhr

ANTIQUITÄTEN IN ROM

In der Via Bianchi Nuovi, der Via Bianchi Vecchi, der Via Governo Vecchio und in der Via Margutta kann man am besten nach schönen alten Dingen stöbern.

Die besten Läden:

Ganz seriös und in der Nähe des Pantheon ist Tanca. Hier zahlt man wahrlich keine Phantasiepreise und man kann sich sicher sein, dass alles seinen Wert hat.

Antichità Tanca
Salita dei Crescenzi 10, 11, 12
Tel: 0039 06 68803328
www.antichitatanca.com

Unweit der Governo Vecchio liegt Retrò mit schönen Muranoglasobjekten und berühmten Klassikern aus der Retromöbelwelt.

Retrò
Piazza del Fico, 20/21
Tel: 0039 06 68192746
www.retrodesign.it
Montag – Samstag 11.00 – 13.00 Uhr
und 16.00 – 20.00 Uhr

FLOHMÄRKTE

Porta Portese

Den großen Porta-Portese-Markt sonntags am Piazza Portese im Testaccio kann man eigentlich nicht mehr als Flohmarkt bezeichnen, da er immer mehr neue Billigware anstatt Antiquitäten anbietet.

Piazza Portese
Sonntag 7.00 – 13.00 Uhr

La Sofitta Sotto I portici

Ein kleiner Antikmarkt, der sich unter den Arkaden entlangschlängelt und wo man hie und da noch etwas Günstiges und Schönes ergattern kann.

Piazza Augusto Imperatore
1. und 3. Sonntag im Monat
9.00 – 19.00 Uhr

Campo dei Fiori

Auf dem Campo dei Fiori ist immer die Hölle los. Morgens auf dem Markt schimpfen die römischen Hausfrauen über die Qualität des Gemüses, was reine Polemik ist, denn es ist natürlich ausgezeichnet, doch muss man seine Gemüsehändler auch bei der Stange halten. Lob gibt es selten, auch wenn man sich auf ewig für den einen Händler entschieden hat. Eine römische Hausfrau wechselt nie ihren Gemüsehändler, eher erzieht sie ihn. Der Markt schließt um 13.00 Uhr. Nachmittags gibt es eine kurze Pause, bis dann abends Heerscharen junger Römer den Platz besetzen, um vor den Bars etwas zu trinken. Es macht einfach Spaß, sich mittendrin treiben zu lassen, sich an dem wunderbaren Gemüse zu erfreuen, die beste *pizza a taglio* im Antico Forno zu genießen und in der Enoteca Reggio abends oder zum *aperitivo* noch einen Wein zu trinken.

Piazza Campo dei Fiori
Täglich 8.00 – 13.00 Uhr

Enoteca Reggio
Piazza Campo dei Fiori, 15
Tel: 0039 06 68803268
Montag – Samstag 8.30 – 2.00 Uhr,
Sonntag 17.00 – 1.30 Uhr

Antico Forno
Piazza Campo dei Fiori, 22
Tel: 0039 06 68806662
www.fornocampodefiori.com
Montag – Samstag 7.30 – 14.30 Uhr
und 16.45 – 20.00 Uhr

Mercato Testaccio und Volpetti

Der fest installierte Markt an der Piazza Testaccio hat all die guten Dinge, nur zu kleineren Preisen als beim Campo dei Fiori. Er liegt weniger malerisch, ist dafür aber auch weniger von Touristen umschwärmt. Wer seriöses Foodshopping machen möchte, kann das herrlich mit dem Feinkostgeschäft Volpetti verbinden. Es liegt direkt um die Ecke und lässt wirklich keinen, aber auch gar keinen Wunsch offen, was die köstlichsten Produkte aus Italien betrifft. Es gibt unzählige Käsesorten wie auch den *pecorino stagionato* mit Pfeffer, der, wer *pasta cacio e pepe* zu Hause ausprobieren möchte, hier phantastisch ist. Familie Volpetti ist ständig auf den Spuren neuer Produkte unterwegs, so kann man sicher sein nur das Beste zu finden. Sie produzieren auch selbst Pasta, Aufläufe und Pizza, die man schon fertig mitnehmen oder auch vor Ort probieren kann.

Mercato Testaccio
Piazza Testaccio
Montag – Samstag 7.30 – 13.30 Uhr

Volpetti
Via Marmorata, 47
Tel: 0039 06 5742352
www.volpetti.com
Montag – Samstag 8.00 – 14.00 Uhr und 17.00 – 20.15 Uhr

BEST-OF DELIS

Warum seine Hüften und seine Zeit mit Mittelmaß strapazieren. Das Beste ist gerade gut genug!

Das beste cacio e pepe:

Fiaschetteria Beltramme
(siehe S. 28)

Cacio e Pepe da Gianni
Via Giuseppe Avezzana, 11
Tel: 0039 06 3217268

Montag – Freitag 12.30 – 15.00 Uhr und 19.30 – 23.15 Uhr,
Samstag 12.30 – 15.15 Uhr

Die besten Nudeln mit Artischockencreme:

Perilli a Testaccio
Via Marmorata, 39
Tel: 0039 06 5742415
Donnerstag – Dienstag 13.00 – 14.45 Uhr und 20.30 – 22.45 Uhr

Die besten Cornetti:

Ciampini
(siehe S. 70)

Das beste Eis:

Al Settimo Gelo

Nicht ganz im historischen Zentrum, doch es lohnt sich. Sorten wie Eis aus Cassata mit frischem Büffelricotta oder aus Sesam und Honig oder Anis sind nicht nur selten, sondern schmecken grandios. Das Fruchteis aus Kaki, Birne oder Kastanie löst eine wahre Geschmacksexplosion im Mund aus. Alles ist mit einem hohen Fruchtanteil und ohne künstliche Aromen hergestellt. Kurzum – es ist das beste Eis, das wir in der Stadt kennen, und das Niveau in Rom ist hoch. Die Eisdiele liegt zwar etwas nördlich auf der Vatikanseite. Trotzdem, es lohnt sich!

Via Vodice, 21a/Via Aurelia, 452
Tel: 0039 06 3725567
www.alsettimogelo.it
Täglich 10.00 – 22.30 Uhr

Giolitti

Hier kommt und muss jeder bei einem Rom-Besuch mindestens einmal vorbei, denn Giolitti macht das beste Eis in der Altstadt. In dem angeschlossenen Café kann man es auch im Sitzen genießen, aber schöner ist es doch, mit der Eistüte in der Hand weiterzuschlendern, um dann nach wenigen Metern wieder umzukehren, um noch ein zweites zu holen. Das Besondere ist neben dem guten Geschmack einfach die einmalige Konsistenz. Sie ist nicht zu cremig und nicht zu fest, einfach perfekt. Verpassen Sie nicht, die köstlichen Granitas zu probieren, besonders Pfirsich oder Feige mit Sahne sind unvergesslich.

Via Uffici del Vicario, 40
Tel: 0039 06 6991243
www.giolitti.it
Täglich 7.00 – 2.00 Uhr

Die beste pizza taglio – Pizza auf die Hand:

Antico Forno
Piazza Campo dei Fiori, 22
Tel: 0039 06 68806662
www.fornocampodefiori.com
Montag – Samstag 7.30 – 14.30 Uhr
und 16.45 – 20.00 Uhr

Die besten arancini – gefüllte Reiskugeln – in der Stadt:

Franchi
Via Cola di Rienzo, 200/204
Tel: 0039 06 6874651
Täglich 8.00 – 20.30 Uhr

Das beste Brot:

Forno La Renella
Via del Moro, 15-16
Tel: 0039 06 5817265
www.panificiolarenella.com
Täglich 8.00 – 22.00 Uhr

Erst einmal vorweg: Rom ist kein Shopping-Mekka wie Mailand und Florenz. Es gibt kaum individuelle Modeläden, die unter dem Motto „weniger ist mehr“ agieren, auch scheint Qualität nicht so wichtig zu sein. All die großen Labels sind natürlich vorhanden und es gibt auch TAD – einen wunderschönen Concept-Store. Wir stellen alle Einkaufsstraßen am besten zusammen.

Öffnungszeiten:
Im Gegensatz zu Florenz sind in der Via del Babuino, Via del Corso und der Via Condotti die meisten Geschäfte über die Mittagszeit geöffnet. In der Via Governo Vecchio macht man hingegen um 13.00 Uhr zu und öffnet um 15.30 oder 16.00 Uhr die Türen wieder.

Via del Babuino
Hat einige interessante Geschäfte: Gente, Aspesi, Etro, Miu Miu und Sergio Rossi.

Via Condotti
Ist die Nobelstraße unterhalb der Spanischen Treppe. Alle Luxusmarken geben sich hier die Hand: Alberta Ferretti, Dolce & Gabbana, Gucci, Hermès, Louis Vuitton und Prada.

Via del Corso
Ist die Straße der jungen Streetware-Mode. Mit Marken wie: Diesel, Guess, Miss Sixty, Puma und T'Store.

Via Governo Vecchio
Hier gibt es noch am meisten zu entdecken: Luna & L'Altra, Josephine de Huertas und den Vintage-Laden Vestiti Usati Cinzia.

Um den Campo dei Fiori
Nuyorica an der Piazza Pollarola hat die besten Schuhe und Taschen.
Zu erwähnen wäre auch Borini als Schuhladen mit einer immensen Farbpalette zu fairen Preisen: Via dei Pettinari, 86-87.

Via Cola di Rienzo
Zivilisiertes Einkaufen mit Marken der Mittelklasse: Coin, Mango, Benetton und nette kleine Fachgeschäfte. Unter anderem auch Franchi-Delikatessen.

Ein Picknick in der Villa d'Este ist einfach herrlich. Anschließend noch ein Ausflug zur Villa Hadriana, und obwohl Tivoli auch recht überlaufen sein kann, sind die angelegten Gärten einfach wunderschön. Die Stadt Tivoli liegt ca. 20 Kilometer von Rom entfernt am Rand der Sabiner Berge. Tivoli erreicht man am besten mit der Bahn von Stazione Termini. Der Zug fährt Richtung Pescara (Bahnhof Tivoli).

Roma Culta
Tel: 0039 33 87607470
www.romaculta.it

Villa d'Este
Die Villa aus der Renaissance von Kardinal Ippolito d'Este verfügt über einen der berühmtesten italienischen Gärten, der schon immer als Vorbild für viele Gartenanlagen galt. Als päpstlicher Statthalter in Tivoli ließ Ippolito d'Este die Villa von 1550 bis 1572 errichten. Nach 1605 baute Kardinal Alessandro d'Este am Garten weiter. An weiteren Arbeiten zwischen 1660–1670 war unter anderem Bernini beteiligt. Bis zur Mitte des 19. Jahrhunderts verfielen allerdings die Villa und mit ihr die Wasserspiele, bis sie 1851 von Kardinal Gustav von Hohenlohe erworben wurden. Danach lebte die Villa zum Zentrum des kulturellen Lebens auf. Franz Liszt war oft Gast des Kardinals. Er hat in der Villa seine berühmten „Jeux d'eau à la Villa d'Este" komponiert und im Jahr 1879 sein letztes Konzert gegeben.

www.villadestetivoli.info
Täglich 8.30 Uhr bis eine Stunde vor Sonnenuntergang

Villa Hadriana
Der römische Kaiser Hadrian lebte von 76 bis 138 n. Chr. Hadrian unternahm zwei große Reisen. Die Erinnerungen an diese Reisen wurden in Gebäuden in seiner Palastanlage festgehalten. Das deutlichste Beispiel dafür ist das sogenannte „Kanopus-Tal", das einem Kanal bei Alexandria in Ägypten nachempfunden ist. Die „Insel der Einsamkeit", eine Insel in einem runden, von Säulen umgebenen Teich, diente zum Philosophieren.

Hadrians Residenz ist seit 500 Jahren als antike Fundstätte bekannt. In der Renaissance bediente man sich an ihren Statuen. Ein großer Teil der Villa ist immer noch nicht ausgegraben. Die Gebäude, die man besichtigen kann, sind sehr eindrucksvoll. Die Villa liegt bei Bagni di Tivoli und ist von Tivoli aus mit Cotral-Bussen oder Bussen der „C.A.T.“ zu erreichen.

www.villa-adriana.net

Täglich 9.00 Uhr bis anderthalb Stunden nach Schließung des Ticket-Schalters

RÖMISCHE PERSÖNLICHKEITEN

Federico Fellini (1920 – 1993)

Federico Fellini wurde am 20. Januar 1920 in Rimini geboren. Er wuchs in einem Italien auf, in dem Mussolini und Papst Pius XII. dominierten. Schon früh begeisterte Federico sich fürs Zeichnen, als er 1930 seinen ersten Tonfilm sah. Jedoch hatte er auch andere Träume: Im selben Jahr lief er von zu Hause weg, um sich für kurze Zeit einem Zirkus anzuschließen.

1939 verließ er Rimini, um sich an der Universität Rom einzuschreiben. Nebenbei versuchte er sich als Journalist beim Rundfunk und machte schon ein Jahr später seine ersten Erfahrungen als Drehbuchautor. Außerdem arbeitete er als Zeichner und Übersetzer von Comics, verfasste Hörspiele und entwickelte Gags für den Komiker Macario.

1943 heiratete er die Schauspielerin Giulia Masina, die er bei seiner Rundfunkarbeit kennenlernte. Ein Jahr später durfte er erstmals als Dreh-

buchautor bei Roberto Rossellinis „Roma, città aperta“ mitarbeiten.
Seine ersten eigenen Filme „Der weiße Scheich“ und „Der Müßiggänger“ drehte er ab 1952. Bereits sein dritter Film „La strada“ (1954) wurde ein Welterfolg. Mit ihm wurde Fellini zum Star und gewann seinen ersten Oscar für den besten ausländischen Film.
In seiner 40 Jahre dauernden Regie-Karriere inszenierte er zwanzig Spielfilme. Die Liste der Preise, die er im Laufe der Zeit erhielt, ist endlos lang. Er wurde zwölfmal für den Oscar nominiert, gewann ihn jedoch nur zweimal. Deshalb wurde Fellini 1993, in seinem Todesjahr, mit dem Ehren-Oscar ausgezeichnet.

Elsa Morante (1912 – 1985)

Elsa Morante, 1912 in Rom geboren, begann früh zu schreiben. 1941 heiratete sie Alberto Moravia. 1948 erschien der erste ihrer vier großen Romane, „Lüge und Zauberei“, es folgen „Arturos Insel“ (1957), „La Storia“ (1974) und „Aracoeli“ (1981). Elsa Morante starb 1985 in Rom.

BUCHTIPP

„La Storia von Elsa Morante“

Erzählt die Geschichte einer alleinstehenden Lehrerin und Mutter zweier Söhne, die sich im faschistischen Rom durchschlägt. Ein ergreifendes Buch, das einiges von den Römern in all ihren Facetten erzählt und einen guten Einblick in die Regeln des Zusammenlebens bietet.

FILMTIPP

„Roma“ (1972)

Regie: Federico Fellini

Der Film „Roma“ von Federico Fellini führt einen auf schönste Weise in die Stadt ein und macht Rom als Filmstadt noch mal präsent.

WICHTIGE INFORMATIONEN

Tourist office:

Via Parigi, 5
Täglich 9.00 – 21.00 Uhr

Stazione Termini
Täglich 8.00 – 19.00 Uhr

Piazza dei Cinquecento
Täglich 11.00 – 18.00 Uhr

Allgemeine Hotline:
Tel: 0039 06 0608
www.060608.it

City Websites:
www.turismoroma.it

Telefonieren (Vorwahl):
Italien: 0039
Rom: 06

Transport:
Vom Flughafen mit dem Taxi
Fiumicino: 30 – 45 min./35 Euro
Ciampino: 30 min./30 Euro

Taxiruf:
Tel: 0039 06 4994
Tel: 0039 06 5551

Vespa- und Fahrradverleih:
On Road und Bici & Baci
(siehe S. 98)

Rom 'n bike
Die grünen Fahrräder kann man an über 25 Stationen in der römischen Altstadt verteilt bequem mit Kreditkarte anmieten und wieder abgeben.

Preis: 0,50 Euro pro halbe Stunde
Tel: 0039 06 57003
www.roma-n-bike.it

Stadtmagazine:
Timeout
Romac'è

MEIN PERFEKTES WOCHENENDE

Freitag:

~~Fr~~ Lunch Enoteca Cul de Sac
Bar/Ape: Caffè Perù / Campo[illegible]
Dinner: Pierluigi

Samstag: Piazza Spagna / Piazza del Popolo

Lunch Fraschetta [illegible]
Aperitivo + Cafè Giampini
— " + Bar Gusto al 28
Dinner Gusto

Sonntag:

Caf Gino Lunch

NOTIZEN

NOTIZEN

NOTIZEN

NOTIZEN

NOTIZEN

LUST AUF DAS WELTWEIT BESTE?

Die Buchreihen „Ein perfektes Wochenende …" und „Eine perfekte Woche …" werden vom Online-Travelguide www.smart-travelling.net in Kooperation mit Süddeutsche Zeitung Edition herausgegeben.

Auf smart-travelling.net gibt es:

- ☞ Handverlesene und aktuelle Tipps und Adressen für über 50 Städte und Regionen
- ☞ Blog mit kulinarischen Highlights und spannenden Interviews
- ☞ Direkte Buchungsmöglichkeit von Hotels

Reisen Sie mit uns um die Welt!

facebook.com/smarttravelling

instagram.com/smarttravelling